MW00569040

Mon hamster

BIBLIOTHÈQUE DE L'ÉCOLE PROVENCHER

Titre original de l'ouvrage : « Mi hámster »
© Parramón Ediciones, S.A.
© Bordas. Paris. 1990 pour la traduction française
I.S.B.N. 2-04-019221-2
Dépôt légal : Octobre 1990

Traduction : C. Diaz-Bosetti (agrégée d'espagnol)
Adaptation : S. Goulfier (psychologue scolaire)

Imprimé en Espagne par
EMSA, Diputación, 116
08015 Barcelona, en septembre 1990
Dépôt légal : B. 28.205-90
Numéro d'Éditeur : 785

Toute représentation ou reproduction, intégrale ou partielle, faite sans le consentement de l'auteur, ou de ses ayants droit ou ayants cause, est illicite (loi du 11 mars 1957, alinéa 1er de l'article 40). Cette représentation ou reproduction, par quelque procédé que ce soit, constituerait une contrefaçon sanctionnée par les articles 425 et suivants du code pénal. La loi du 11 mars 1957 n'autorise, aux termes des alinéas 2 et 3 de l'article 41, que les copies ou reproductions strictement réservées à l'usage privé du copiste et non destinées à une utilisation collective d'une part et, d'autre part, que les analyses et les courtes citations dans un but d'exemple et d'illustration.

la bibliothèque des tout-petits

I. Sanchez / M. Rius

Mon hamster

Bordas

BIBLIOTHÈQUE DE L'ÉCOLE PROVENCHER

Papa et maman nous ont offert un livre qui explique comment vit le hamster.

Son terrier est bien aménagé.
Il y a un coin pour dormir et un autre
pour stocker sa nourriture.

Au début de l'hiver, il se roule en boule
et dort jusqu'au printemps !
C'est l'hibernation.

Papa et maman avaient aussi une surprise... :
un vrai hamster !
Il a de grands yeux noirs,
un museau tremblant
et de longues moustaches.
– C'est une femelle, a dit papa,
nous l'appellerons Suzie.
Elle va avoir des petits.

Dans sa cage, notre nouvelle amie s'est fabriqué un nid douillet.

Suzie est drôle !
Elle grignote tout le temps :
des graines, des feuilles de laitue,
des morceaux de pomme...
Sa mangeoire doit toujours être
garnie de nourriture.

Maman lui donne des noix
à travers les barreaux de la cage. Mais,
attention à ses petites dents pointues !

Suzie adore jouer. Quelle acrobate !
Elle n'arrête pas de faire tourner sa roue...

...elle monte et redescend sur son échelle,
elle entre dans sa roue, puis elle en ressort...
Elle est infatigable !

Maintenant Suzie nous connaît bien.
Papa l'a sortie de sa cage.
Nous pouvons la caresser.
Comme son poil est doux !

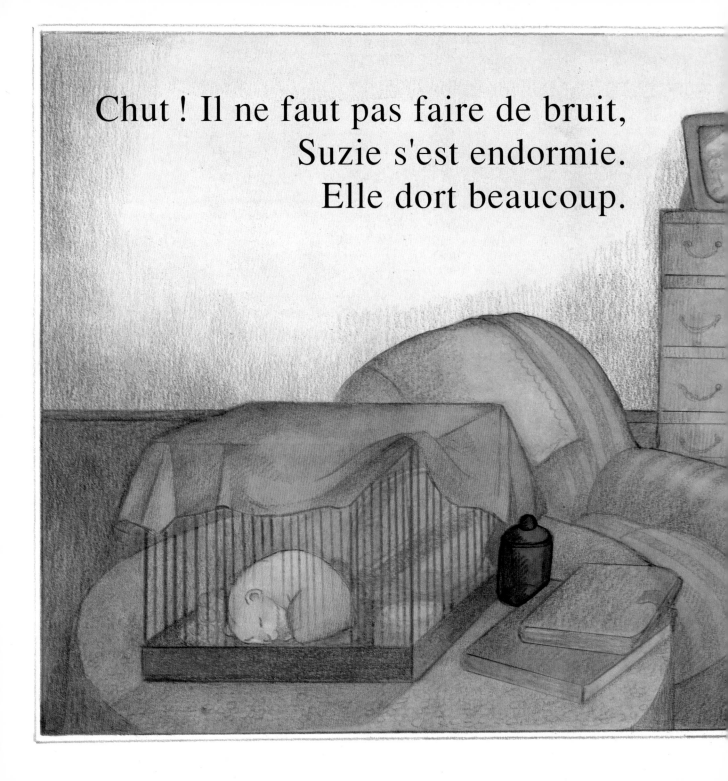

Chut ! Il ne faut pas faire de bruit,
Suzie s'est endormie.
Elle dort beaucoup.

Un matin, nous découvrons six petits hamsters. Ils sont serrés contre leur maman, bien au chaud.
Ils ont faim.

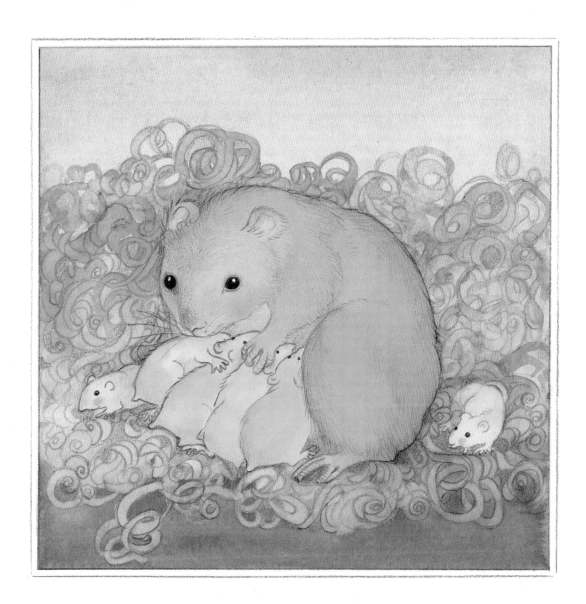

Dans trois semaines, nous pourrons offrir à nos meilleurs amis un petit hamster aussi joli que Suzie !

MON HAMSTER

Quel hamster choisir ?

Il y a de nombreuses espèces de hamsters, dont deux sont plus particulièrement répandues.

On trouve le **hamster commun** d'Europe et d'Asie (*Cricetus*) de la Belgique jusqu'en Sibérie. Les mâles pèsent en moyenne 350 grammes, certains atteignent même 500 grammes, leur longueur oscille entre 18 et 25 centimètres. Ils ont le corps ramassé, le cou épais, les pattes et la queue courtes. Leur pelage tricolore varie du roux orangé au noir parsemé de taches blanches.

Le **hamster doré** (*Mesocricetus auratus*) vit quant à lui de la Roumanie à l'Iran. Plus docile que son cousin, propre, sympathique et intelligent, il constitue pour les enfants un petit compagnon très apprécié. Petit rongeur de 15 centimètres de longueur, dont 2 ou 3 pour la queue, il pèse à peine 120 grammes, et c'est sans doute le plus conseillé pour une vie domestique.

La cage du hamster

Elle doit être suffisamment vaste pour lui permettre une certaine liberté de mouvements et construite avec des matériaux très solides (ni bois, ni carton), susceptibles de résister aux dents acérées de l'animal.

Le fond de la cage doit comporter un tiroir en plastique sur lequel il faut répandre une couche de litière pour absorber l'urine, les excréments, les restes de nourriture et certaines mauvaises odeurs.

Le hamster doré est un animal inquiet qui peut tomber malade d'ennui ; il a besoin d'activité et de mouvement.

Aussi est-il judicieux de disposer différents accessoires dans sa cage : une roue de moulin où il peut faire des courses effrénées, des escaliers sur lesquels il exerce ses dons de grimpeur, des noix entières, des petites balles, des clochettes, toutes sortes d'objets avec lesquels il peut jouer.

Il faut savoir que les objets en bois ne dureront pas longtemps. Notre petit ami s'en servira pour pratiquer son activité favorite : vérifier l'efficacité de ses dents.

Pour qu'il puisse éventuellement préparer son nid, le rendre plus confortable, on lui procurera des brins de laine et de coton.

L'alimentation du hamster

À l'état sauvage, le hamster est essentiellement végétarien. Il se nourrit et s'approvisionne surtout à l'aube et à la tombée de la nuit. Il bourre ses abajoues de graines et d'herbe à mesure qu'il les récolte et transporte ainsi ses provisions jusqu'à son terrier.

Le hamster doré, devenu un animal domestique, a besoin d'un régime équilibré comportant :

– des graines : blé, orge, tournesol, avoine, etc.

– des légumes : laitue, cresson, tomate, concombre...

– des fruits frais et secs,

– de la viande maigre en petits morceaux ou du foie,

– des liquides : eau, lait, jus de fruits dilués...

Il ne faut jamais lui donner de chocolat (il l'adore, mais cela lui cause de gros problèmes intestinaux), ni trop de carottes (mauvaises pour son foie, elles le font grossir), ni de betteraves (trop sucrées), pas plus que du chou, du chou-fleur ou des asperges qui rendent son urine malodorante.

Le hamster : ce qu'il faut savoir

Ces animaux vivent très bien tout seuls. Ils n'acceptent de vivre en couple qu'en période de reproduction (d'avril à octobre). Si on souhaite avoir un couple, il faut deux cages ou une grande à séparation mobile.

Les femelles ont des portées de 6, 7 ou 8 petits qui naissent sans poils et aveugles, après une gestation d'une vingtaine de jours. Trois semaines d'allaitement leur suffisent pour être capables ensuite de subvenir à leurs besoins. Au printemps suivant, ils sont aptes à se reproduire.

Les femelles, contrairement à ce qu'on croit souvent, peuvent avoir au plus deux portées par an.

Quel que soit son âge, le hamster est petit, trapu, son poil soyeux et ses yeux brillants. Un animal maigre dont on distingue la colonne vertébrale est en mauvaise santé.

L'élevage

Le dressage du hamster est une tâche dont l'enfant peut se charger. Au début, il est souhaitable qu'il s'approche de l'animal seulement pour lui donner à manger, surtout le soir, car c'est le moment où le hamster est le plus actif. Peu à peu, la petite bête s'apprivoise, l'enfant peut lui tendre sa nourriture dans la cage et commencer à le caresser pendant qu'il ronge sa friandise.

Pour l'attirer hors de la cage, ou la lui faire réintégrer, il suffit de lui proposer de la nourriture. Cependant, il n'est pas toujours conseillé de lui accorder trop de liberté en raison des risques que cela comporte pour l'animal lui-même et pour les meubles que ses dents peuvent dégrader...

Ainsi, connaissant bien les besoins et les habitudes du hamster, l'enfant découvrira peu à peu les plaisirs de l'amitié partagée avec ce petit mammifère.

Bordas Jeunesse

BIBLIOTHÈQUE DES TOUT-PETITS

de 3 à 5 ans

Conçue pour les enfants de 3 à 5 ans, la *Bibliothèque des tout-petits* leur permet de maîtriser des notions fondamentales mais un peu abstraites pour eux : la perception sensorielle, les éléments, le rythme des saisons, les milieux de vie...
Ses diverses séries, constituées en général de 4 titres pouvant chacun être lu de manière autonome, en font une mini encyclopédie dont la qualité graphique, la précision et la fraîcheur de l'illustration sollicitent la sensibilité, l'imagination et l'intelligence du tout-petit.

LES QUATRE MOMENTS DU JOUR

Le matin
L'après-midi
Le soir
La nuit

LES QUATRE SAISONS

Le printemps
L'été
L'automne
L'hiver

LES QUATRE ÉLÉMENTS

La terre
L'air
L'eau
Le feu

LES ÂGES DE LA VIE

Les enfants
Les jeunes
Les parents
Les grands-parents

LES CINQ SENS

L'ouïe
Le toucher
Le goût
L'odorat
La vue

JE DÉCOUVRE

Je découvre le zoo
Je découvre l'aquarium
Je découvre les oiseaux
Je découvre la ferme

JE VOYAGE

En bateau
En train
En avion
En voiture

UN JOUR À

La mer
La montagne
La campagne
La ville

RACONTE-MOI...

Le petit arbre
Le petit lapin
Le petit oiseau
Le petit poisson

MON UNIVERS

Voilà ma maison
Voilà ma rue
Voilà mon école
Voilà mon jardin

À L'ÉCOLE

Vive mon école !
Vive la classe !
Vive la récréation !
Vive les sorties !

JOYEUSES FÊTES !

Joyeuses Pâques !
Joyeux carnaval !
Joyeux anniversaire!
Joyeux Noël !

MES GESTES QUOTIDIENS

Quand je me lave
Quand je m'habille
Quand je mange
Quand je me soigne

MES ANIMAUX FAMILIERS

Mon chat
Mon chien
Mon hamster
Mon oiseau

Pour éclater de lire

BIBLIOTHÈQUE DE L'ÉCOLE PROVENCHER